아름다운 터

박 서 혜 시 집

아름다운 터

도서출판
다인아트

서문

저 너머를 위하여

1부

돛

2부

저 꽃대궐 큰 문으로

3부

봄날이 지나니

『아름다운 터』 발간에 부치는 편지

1부

돛

돛

먼 섬의 능선들을 배경으로

조그마한 고깃배 한 척

갯벌에 얹혀 있다

비는 추적대고

돛대는 어렴풋이 보이는데

돛은 보이지 않는다

참 흐릿한 세상이다.

2023.9.

산자락 풀 꽃들이

낮달 환한

우리 마을까지

풀벌레 소리 타고 내려 오니

종횡무진 잠자리들과

염치없는 까치들과

짹짹대는 참새들과

며칠 째 날아다니는 흰 나비 세 마리까지,

가을이라고,

밤낮없이 뜨거운 풀벌레 소리 들으며

홀로

깊은 가을 속으로 잠겨든다.

겨울 햇살

참새들이
찬 하늘을 툭툭 치며
소란을 떨고 있다

그 풍경 속에

또 한 무리의 참새들은 우르르
겨울 논으로 향한다

추수 끝난 겨울 논에서
따스한 겨울 햇살 등에 업고
논 사이를 콕콕 찍으며
행복해하고 있는데

우리 집 잔디밭에는
논까지 가지도 못하는
못 생겨도 이쁜 모과들이

참새를 부러워하지도 않은 채

겨울 햇살과
황금빛 연애 중이다.

비낀 초승달 아래

기러기들이
초저녁 어스름을 쪼고 간 후

빨간 등 파란 등 반짝이며
마니산 주위를 빙빙 돌고 있는
저 헬리콥터 한 대,

제천행사를 위해 짐을 매달고
참성단을 향하는 헬리콥터들은
언제나 가을 잠자리였는데

오늘은 무슨 일일까,

경적까지 울리고 있으니.

장미 떨기

오월 장미가
늦가을 까지
끊임없이 피고 지더니

동짓달 그믐 쯤에

탐스럽고 큰
장미 여섯 떨기가

오월인 양
붉게 피었다

그 장미 여섯 떨기는
초겨울 눈에도 끄떡없더니

섣달그믐이 지나도록
나무를 지키고 있었다

이제

설 지나 3월인데
바짝 마른 장미 여섯 떨기는
아직도 여전하다

저 꽃들 자르면
더 붉고 탐스러운 장미들이
오월을 가득 채울 것이지만

왠지
전지가위를 들 수가 없다.

흰 동백꽃

단풍 들기 시작한 노각나무에
참새들이 드나들기 시작한다

꽤나 소란하다

여름에 환하게 피는 노각나무 꽃은
노란 술에 흰 꽃잎으로 둘러 싸여
흰 동백꽃이라고도 불리운다

20 년 전 집 지었을 때
화가 동료들이 기념식수를 한 나무,

해마다
오월이 오면 여럿여럿 흰 동백꽃들 피기 시작하고
유월이 오면 노란 술에 그 하얀꽃들이 나무를 꽉 채운다

그러다

가을이 오기 전

미리 떠난 꽃들은 하늘에 닿아
먼저 떠난 동료들에게
흰 동백꽃 화관을 씌워주고 있을 것이다.

삶이라는 것이

울울한 키 큰 나무에

새소리 뭉쳐
한 덩어리의 빛으로
주위를 밝히고 있다

멀리서 바라볼 땐
그 빛,
눈부시게 환했는데

그 나무 곁을 지나가는 순간,

그 소리의 빛이
순간 사라지니

그리 늠름하던 키 큰 나무도

순식간에
깊은 어둠 속으로 사라져 버린다.

시든 꽃

그리하여

아직도
제 빛깔 얼핏 남아도는
꽃잎들을 툭 건드려본다

그러나

모르고 가는 길이니

꽃잎인들 알겠는가.

위로를 위하여

밤새

면도날처럼 잘 벼려진 나는

동 틀 때쯤이면

연필을 깎는다

사각 사각 연필을 깎는다

잘 깎인 심으로

무엇을 써야하나,

이젠

겨울 벌판을 무심히 내려다보고 있는

저 그믐달을 쓸 수밖에 없겠구나.

고맙다

새끼손가락 손톱만한 작은

제비꽃들이 흙을 뚫고 나오더니

주위의 흙들을

흰 빛과 보랏빛으로 덮는다

참 예쁘다

새봄 맞아

그 제비꽃들 곁에 앉아 햇볕 바라기한다

겨우내 담痰 든 내 몸에 햇볕 들자

마당의 꽃나무들이

빛깔과 향기를 햇살에 실어

나에게도 보내준다.

꽃향기 수북이 내려놓고

아카시아 꽃 한 송이
입에 물고

새소리 타고
산길을 내려오는데

그 산이

내 어깨 위에 훌쩍 올라타더니
마을까지 함께 내려온다.

아마도

예까지 와

겨우내 지친 사람들에게
꽃 향기 수북이 내려놓고

시원하게
돌아갈 모양이다.

대형隊形

논에서 하루를 보낸
기러기들이

저물녘이면
소란스럽게 까악깍거리며
보금자리를 향해 날아간다

가끔 대형에서 처진 기러기는
있는 힘 다해 대형에 합류하고

역주행하던 기러기들은
다른 대형에
방향을 바꾸어 합류한다

힘겨루기 하지 않고
대형을 이루며 날아가는
저 기러기들,

까악깍 거리며 서로를 격려하는
천사들 같다.

집 잃은 천사들

거실 통유리 창 밖,

창틀 양 쪽에
벌들이 집을 짓기 시작했다

어느새 두 개의 벌집은
위풍당당하게 매달려 있었다

그러다 시간이 흐르자

벌들이 종횡무진이라

119의 경적이
벌집 두 개를 마당으로 내려놓았다

그때부터 벌들의 저항이 시작되었다

집 찾아
더욱 격렬하게 우왕좌왕하더니

옛집 그 자리에
새집을 짓기 시작했다

막 시작한 집이라
긴 막대기 하나면 퇴출시킬 수 있는데

내가 그들의 집을 빼앗은 자(者)라
이미 내 손은 벌들의 날개에 묶여

짓기 시작한 새집을
바라만 볼 뿐이다.

눈물겹다

발이 푹푹 빠지는
모래톱에
맨발로 서 있노라니

해는
하늘과 바다 사이에
저녁놀 걸쳐놓고

순간, 수평선 뒤로 사라진다

그럴 때면
먼먼 별빛들이
아득한 곳에서 날아와
모래톱에 빠진 내 시린 발들을
그 빛들로 감싸주기도 한다.

그래도 내 시린 발들은
여전히 시리다.

쌍둥이네 할머니

마늘 밭이 파릇파릇한데도
올라오시지 않는다

쌍둥이 아빠만 올라와
파종을 하고 있다

구십 평생의 짝꿍인 밭도
잊어버리신 할머니,

텅 빈 밭,

모든 이에게 언제나
위로이신
아흔 넷의 예쁜 할머니,

가지마시라고 꼭 붙잡고 싶은
아주 예쁜 할머니!

빛나는 삶

딱따구리들은
꼭 외벽 모서리에서만
딱딱거린다

소리를 지르면 잠시 조용해졌다
이내 딱딱거리기 시작한다

벌레도 없는 외벽을 부리로 뚫어
여기 저기 구멍을 내고 있다

그날 이후

그 구멍들은
참새들의 둥지가 되었다

멀리 전깃줄에 앉아 둥지를 지키며

먹이를 물고 새끼들에게로
부지런히 드나드는 것을
보고 있노라면

상처 난 외벽은 생각 밖으로 밀려나고

우리의 삶이
그들과 함께
한없이 빛나고 있다는 생각이 든다.

햇살 가득한 늦은 오후

나이가 몇 살이냐고 물으면
포 앤 하프four and half 라고 대답하는 손자가

할머니는 엄마의 엄마라고 말해주니
그럼 할머니의 엄마는 누구냐고 묻는다
이해 불가인 곳에 가 계신 분이라
손가락으로 하늘을 가리키며
대답 대신 뽀뽀를 해주었다

그러자 손자는
할미 젖꼭지에 손가락을 대며 씨익 웃는다

엄마의 찌찌 소리에 손자는 돌아섰고

손자의 따뜻한 추억 하나를 놓치게 한 거 같아
마음이 써늘해졌다

그리하여

가까이 오라했더니
또 씨익 웃으며 할미 가슴에 가만히 손을 댄다

그의 조심스러움이 너무 이뻐
할미가 옷을 살짝 열어 보여주었더니
손자가 말한다

뷰티풀(beautiful)!

사랑이 으뜸이라

짝지 진돌이를 잃은 진순이가 비쩍 말라 죽을 것 같다며
진순이 아빠는 10 년 만에 목줄을 풀어주었다

그때부터 진순이의 자유는 하늘을 찌를 듯
온 동네를 거침없이 돌아다니기 시작했다

그러다 어느 날부터 우리 집을 제집 드나들듯 하더니
덩치 큰 장군의 빈집에 들어가 겁 없이 낮잠을 자기도 하고
마당 한가운데에다 볼일을 봐 놓고는 휙 사라지기도 한다

이런 진순이의 낮밤 가리지 않는 애정공세로 태어난
새끼 네 마리가 자기네 집에서 종종거리다
심심하면 우리 집까지 진출하여
유리 창틀에서 발돋움하고 집안을 들여다본다

살이 통통 올라 몰라보게 건강해진 진순이는
하루에도 서너 번씩 젖을 출렁이며
우리 집이 제 집인 듯 마당을 휘젓고 다닌다

장군이 산책 시간이 되면
자기 집 앞에서 나와 기다리기도 하고
시간이 좀 지체되면 우리 집까지 찾아와 보채기도 한다

그리하여

장군이네 할머니는
장군이와 진순이와 함께
푸른 하늘 아래 제 2의 트리오가 되어
마니산 자락을 매일 산책하고 있다

그럴 때면
늦가을부터 이른 봄,
산 어스름을 가르며 날아가는 기러기 떼 울음소리가
놋대야에 찰랑이는 맑은 샘물처럼
우리들의 마음을 깨끗이 씻어주기도 한다.

울면 바본데 운다

산길 입구에 핀 물봉선화들, 그 짙은 붉은보라에
울고

종횡무진 날아다니는 잠자리들의 날개 짓에
울고

먹이 찾아 내려온 새끼 고라니들의 눈빛에
울고

찬바람 타고 돌아온 기러기들의 날개 짓에
울고

서해로 빠져드는 저녁놀의 짙은 여운에
울면서

이 가을을 훌훌이 보내고 있다.

겨울바닷가에서

저 붉은 해가

하늘과 바다를 온통 물들여놓고

수평선 너머로 사라지니

그 순간,

먼먼 별빛들이

빛의 속도로 날아와

어둔 우리들의 길을 열어주고

해안에 닿는 서늘한 밤파도 소리는

우리들의 삶을 채찍질 해준다.

2부

저 꽃대궐 큰 문으로

저 꽃대궐 큰 문으로

벚꽃 지자
개복숭아꽃들이 눈부시다
향 짙은 생강꽃차 한 잔 들고
생강나무 그늘에 앉아 있으려니
하늘로 홀연히 떠난 사람들은
왜 봄꽃처럼 화사하게 돌아오지 못할까.
저 꽃대궐 큰 문으로 환하게 웃으며
돌아올 수 없을까.

향기 그윽한 생강꽃들이
이런 내 생각들을 채우려는 듯
생강꽃 찻잔 안으로
톡톡 떨어지고 있다.

작약 모란 다 떠난

새가 보이지 않는다

궁금해 하고 있는데

약한 빗줄기 사이로
새들이 움직이기 시작한다

반갑다

빼꾸기 휘파람새 청량하게 울고
참새는 짹짹대며 떼 지어 날아다니고
이웃집 닭은 젖은 대낮을 밝혀주고 있다

빗속을 날아다니던 참새들이
빗물에 불은 개밥을 먹고 있는데도
산길 그리운 장군은 본체만체
산을 바라보며 늑대울음만 운다

열흘 넘게 앞마당 뒷마당을 날아다니던
흰나비 두 마리도 그냥 빗속을 날고 있고

비를 털며 창가에서 종종거리던
참새 두 마리는
방 안의 나를 빤히 들여다보다

아무 일도 아니라는 듯
짹 한소리 던지고
쌩 날아가 버린다.

호접란

가지치기 했더니

다시 꽃대 올라오고
그 꽃대에 망울들이 맺혔다

계속 들여다보고 있으려니
꽃대들이 저리 가라고 손사래 친다

조금 멀게 바라보고 있으니
망울들이
아주 편하게 잘 자라고 있다

그리하여

저 호접란들이
꽃망울들을 터뜨릴 때마다

동해의 붉은 해는 어김없이
수평선을 차고 오를 것이다.

손대지 않은 그 개망초 밭은

여느 꽃밭과 다르지 않게
환상이 되어가고 있었다.

할머니 손자. 1

지금도

내 강줄기에
끊임없이 반짝이고 있는

정오의 윤슬들!

여름 방학 내내

마스크를 쓴 채
로체스타의 형아네로
피츠버그의 동생네로
오르락내리락 하는 아이들,

그리고
내가 WHO ARE YOU라고 물으면
언제나 〈할머니 손자〉 라고 말하는
9 살 터울의 사촌 형제들,

여섯 살 동생이 형아가 만 16살이 되면 운전면허 따서
엄마와 이모 없이 둘이서만 다니자고,

다섯 시간 반의 거리도
전혀 문제가 되지 않는

할머니의 손자들!

고맙다 풀벌레소리

풀벌레 소리에

사람도 자연도 다 묻혀버린

이 한 밤,

아무리 크게 눈을 떠도 어둠뿐인데

풀벌레 소리는 더욱 창창해지고

어둠에 스민 풀벌레 소리는

새벽이 온다고

새로운 세상이 온다고

더욱 창창해진다.

내가 사는 곳

가을이 와
잔디와 풀들은 숨죽이는데

노란 수술을 품고
아주 낮게 꽂혀
진한 남빛을 발하고 있는 꽃,

하늘을 올려다보기에는
너무나 키 작은 꽃,

방사능 지표가 된다는
저 달개비 꽃잎들은

주위에 방사능이 있으면
분홍빛을 띄우거나 흰색으로 변한다는데

이 가을

내가 사는 이곳엔

푸른 하늘과 푸른 풀들 사이에
키 작은 달개비들이

저 홀로 진한 남빛을 발하고 있다.

붉은 꽃

해 질 녘

신선한 바람 맞으며

산길,

논길,

무수히 걷던 그 길들을

다시 걷고 싶다

이렇듯

마음 속에 끊임없이 피어나는

이 붉은 꽃을 어이하리.

상주가 된 장군

내 방 유리창에 머리를 콩 박은 새를
장군이는 미동도 없이 바라만 보고 있다

그 때,

할아버지께서 소리없이 나타나셔서
유리창에 머리 박은 새를
장갑 낀 손으로 조심스레 드시니
장군이도 할아버지를 따라 나선다

쥐똥나무 울타리 울울한 곳으로
할아버지는 그 새를 들고 가시고
장군이는 뭔가 알았다는 듯
상주가 되어 조용히 그 뒤를 따른다

장군이는
그 새가 궁금한 것일까
그 새가 가는 곳이 궁금한 것일까,

할아버지는 그 새를
쥐똥나무 울타리 아래에 편히 눕히고
큰 잎사귀 한 장 조심스레 덮어주신다.

푸른 날들을 위하여

뒷다리 하나 부러져 망창에 매달려 있는 메뚜기,

안방으로 화장실로 들어와 며칠씩 나가지 않는 청개구리,

한 쪽 다리가 접힌 채 창 난간에 매달려 있는 주먹만 한 두꺼비,

마루에 들어와 방향을 잡지 못해 헤매는 사마귀,

전염병이 창궐하는 이즈음에도

가을 햇살과 가을 하늘은

순간순간 여전하고

그 순간이 지나면 또 비 내리고 바람 불고

보이지 않는 곳에서

얼마나 많은 목숨들이 상처를 입고 헤매고 있을지,

상처가 상처로 돌아오는 나날들이다.

텅 빈 하늘

저물녘,

기러기 울음소리도 들리지 않는

서쪽 하늘이

서럽게 물들어가고 있다

봄이 왔다고

기러기들은 이미 떠났고

봄이 와도

기러기 떼 그리운 나는

서로를 감싸며 떠나던 그 근사한 대형을

텅 빈 하늘에 올려놓는다.

놀라운 꽃들

밤새 내린 폭설에도 아랑곳하지 않고
개복숭아 꽃망울들은 다닥다닥 붙어
자세를 흐트리지 않고 있다

저 세찬 눈보라에도 자리를 지키며

그깟 추위쯤이야,
그깟 눈보라쯤이야,
속으로 깊게 되뇌이고 있을 것이다

흰 눈 속에선
겨우 가지 끝자락만을 보이는
개복숭아 꽃망울들!

참성단

여름 내내
비가 끊임없더니
열매들이 부실하다

그 중 부실하지 않는 열매들도
새들을 위해
따지 않기로 했다

초겨울 햇살 받은 홍시들이
쓸쓸한 마당에
그 붉은 빛들을 쫙 펼치고
새들은
그 붉은빛 사이로 사뭇 바쁘다

이 감나무의 배경은

하늘을 이고 있는
햇살이 살아 있는

마니산 참성단이다.

진장군

영하의 강추위에 눈이 내린다
정원등을 켜니 세상이 다 은은하다
개집을 세 번이나 지어주었는데도
한 번도 집에 들어가지 않은 일곱 살 장군은
철쭉나무 사이에 땅을 파고
휘몰아치는 눈발 속에서 웅크리고 있다
아침에 내다보니 몸을 동그랗게 말은 채 자고 있다
장군아 하고 부르니 웅크린 채 눈만 떴다 감는다
밥그릇을 들고 흔들었더니 그제서야 일어나 다가온다
간식까지 먹고 나서는 스스로 당당해져
그까짓 추위쯤이야 하며 여기 저기 힘차게 뛰어다닌다
집도 담요도 마다하고 영하 19도인 눈밭에서 그냥 자는
풍산개 장군이는 이름 그대로 진장군이다.

초겨울 바닷가에서

저 붉은 해가
하늘과 바다를 온통 물들여놓고
수평선 너머로 사라지니

그 순간,

먼 먼 별빛들이
빛의 속도로 날아와

어둔 우리들의 길을 열어주고

해안에 닿는 서늘한 밤파도 소리는
비에 젖어 있는 눅눅한 우리들의 삶을
젖은 창호지 햇살이 당겨주듯
당겨주고 있다.

한계

무릎 관절이 빛을 잃었다

빛 잃은 관절은 깊고 철저하게

삶을 방해하기 시작했다

귀 곁을 스치며 지나가는

소리에 희망을 품고

용감하게도

빛이 있다는 인공관절을 선택했다

그러나

인공 관절은 관절이 아니었다.

3부

봄날이 지나니

봄날이 지나니

배꽃,
홍매화,
백매화,
앵두꽃,
복사꽃,

개복숭아 꽃,
등꽃,

산당화,
해당화,

아래를 내려다보면
제비꽃, 민들레 천지요
애기똥풀, 개망초도
한 몫 하는데

어느새
나무들은 녹음이 짙어지고

봄꽃들은 제 빛깔 다한 듯
산산이 흩어져 내리고 있다.

쌍둥이 할머니. 4

가을이 짙어지자
쌍둥이네 밭 울타리에
줄기 콩들이 비쩍 말라 매달려 있다

근 이십년을 신선한 콩들을
말씀도 없이 우리 집 마당으로
던져놓고 하시던 할머니,

면회도 할 수 없는 시국이라

할머니가 심으신
비쩍 마른 콩들을 거둬
집으로 가져왔다

콩들을 까고 있는 이 순간,

콩의 임자이신 아흔 다섯의 이쁜 할머니는

가까우면서도 아주 먼 그곳에서

이 줄기 콩들을 기억이나 하고 계실까.

저 새

잎 다 떨어진 키 큰 모과나무,

빈 가지 꼭대기에는
별로 눈에 띄지도 않던 회색 긴 꼬리의
중간 크기의 새 한 마리가

비를 맞으며 그야말로 비명을 지르고 있다

방금 떨어질 것 같은데도
날개 죽지로 춤추듯 계속 비를 털고
나뭇가지를 딛고 있는 두 다리는
움직이면서도 묘하게 버티고 있다

빗속으로 참새들도 다 사라졌는데

빈 가지 꼭대기에서 혼자 울고 있는
저 새는

비로도 감당이 안되는
아주 슬픈 사연이 있나보다.

솟대

그는 산을 오를 때마다 죽은 나무들을 데리고 왔다

그 나무들을 살려

울타리 우듬지에 새 한 마리씩 앉혀놓곤 했다

날이 갈수록 새들은 늘어나 솟대 울타리가 되었다

그 희망에 빛나는 새들이

세월과 함께 비 맞고 눈 맞고 바람 맞으며

점차 빛을 잃고 쓸쓸해져갔다

쓸쓸해진 솟대들을 모아

죽은 나무들을 제자리에 돌려놓으려

그는 다시 산을 오른다

저 멀리서 빈 손으로

홀홀이 산을 내려오는 그가

눈부시다.

강광 2003

안도

거칠고 날카로운 선의 화가;
베르나르 뷔페는
삶에 지쳤다는 말을 남기고
일흔 하나에 스스로 세상을 등졌다

젊은 날 신문기사로 만난 그의 자살이
충격과 의문으로 남아 있었다.

그가 떠난 나이 보다도 더 나이가 든 나는

지친 삶을 싹뚝 잘라내고
가스 밸브를 연 그의 선택이
최선이었을까,

가스도 공기처럼 신선했을까,

떠난 그가 돌아오지 않으니
계속 의문 속에 살았다

그러다 수십 년이 흐른 후에야
그가 파킨슨 병이라는 것을
알게 되었다

비로서 안도하였다.

꽉 찬

나는 당신의 눈물을 본 적이 없다

어머니가 돌아가셨을 때도 당신의 눈물은 볼 수 없었다

이별 무렵

나를 바라보던 당신의 눈에는
눈물 한 줄기가 흐르고 있었다

나는 아이들에게
그 눈물을 전했고

멀리 있는 아이들은
화상통화로
한 번도 보지 못한 아빠의 눈물을 보았다고,

그리고 아빠가 우리와 이별을 하고 계시다고,

목에 꽉 찬 그 무엇이
올라오지도 못하고 내려가지도 못하고 있다

내가 그의 곁으로 가는 날까지

나는

꽉 찬 그 무엇의 힘으로 살아가게 될 것이다.

빛나는 당신

마당에
키 작은 묘목들을
끊임없이 심었던 당신,

마니산 자락에 20 년을 살다 보니
마니산 자락의 자연은
마침내
우리들의 자연이 되어 있었다

봄이 오면 꽃 피고
가을이 오면 단풍 들고
겨울이 오면 눈사람 만들고

그러면서 우리는 줄곧 행복했다

세월 흘러

울창해진 나무들 아래,
말없이 앉아 있는 당신을

고라니마저 천연스레 지나간다.

11월

키 큰 모과나무에 주렁주렁 달려있던
모과들이 뚝뚝 떨어진다

넓은 마당이 모과의 빛과 향기로 가득하다

내가 그 모과들을 바구니에 담으려하면
그들이 마당에서 빛나고 있는 동안
그냥 바라만 보라고 한다

그래도

나는 그들 몇 개를
바구니에 담아 현관에 둔다

현관을 열면 깊어진
모과향기가 손님을 반긴다

손님들은 어머 이 향기하면서

모과 몇 개를 즐겁게 가방에 담고
손 흔들며 집으로 돌아간다.

그 감

너무 높아 딸 수가 없다고 궁시렁거리면
그는 새들이 먹게 그냥 두라고

항상 그렇게 말하며 살아 왔다

가을이 깊어져
튼실하고 맛있는 감들이
주렁주렁 달리기 시작하면
새들의 부리도 바빠진다

초겨울 접어들자

새들의 무차별 공격에도
끝까지 살아남은

까치까지도 양보한

저 주홍빛 대봉감 한 알!

강광 2003년 강화도 마니산 자락의 늦가을, 11월 17일을 위하여 그리다

추모식

화면에는

젊은 날의 그가 있었다
당당하고 부드러웠다

참석자는 거의 다 검은 옷을 입었고
남자들은 대부분 검은 넥타이를 매고 있었다

즐거운 날들의 검은 색과
슬픈 날의 검은 색이
하나의 색임을

비로소 알게 되었다.

유명

스승께서는 기회만 있으면
유명해져서는 안 된다고 말씀하셨다

20대 때 그 말씀은 선문답이었다

비가 부슬부슬 내리면 아직도 서울에 서정이 있구나,
유명이 부서지는 소리를 혼잣말로 하시곤 하던
그때가 60년 대였다

지금 생각해보니
스승의 말씀들이 그때부터
몸과 마음에 무의식으로 스며
근 50 년이 넘는 세월을
피곤하지 않는 삶을 살아 온 것이
그 말씀 덕이란 것을 알게 되었다

겨울이 깊어갈수록 환하게
다가오시는 한 분이시다.

떼창

장대비 내린 후,

한밤중에
개구리들이 떼창을 한다

개구리들의 우렁찬 노래소리에

북두칠성은 더욱 빛나고
달은 더욱 환하다

시끄러우면서도
눅눅한 이 한 밤,

맑고
저 높은 떼창들은

어둠 속에서도

눅눅한 우리들의 삶을

햇볕 받은 팽팽한 창호지로

만들어 준다.